TAGLIENTO
fotografo

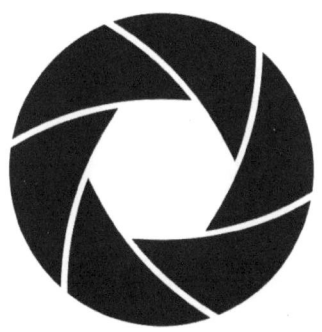

edited by visuality

TAGLIENTO fotografo

Copyright © 2063 Gianni Tagliento
Tutti i diritti riservati.
Codice ISBN:
9781678446871

TAGLIENTO fotografo

A VISUALITY PROJECTS BOOK

www.simonegallina.it

© 2063

TAGLIENTO fotografo

INTRODUZIONE

Gianni Tagliento, classe 1963,
è un fotografo torinese che da anni si è avvicinato a questa arte con passione ed attenzione; doti che ha acquisito col mestiere artigianale di corniciaio, apprendendo le tecniche di impaginazione ed organizzazione dell'immagine.
In questa breve collezione, un campionario dei suoi scatti bianco&nero e a colori, per assaggiare il suo unico modo di vedere la realtà che lo circonda quotidianamente.

Simone Gallina

TAGLIENTO fotografo

BIANCO & NERO

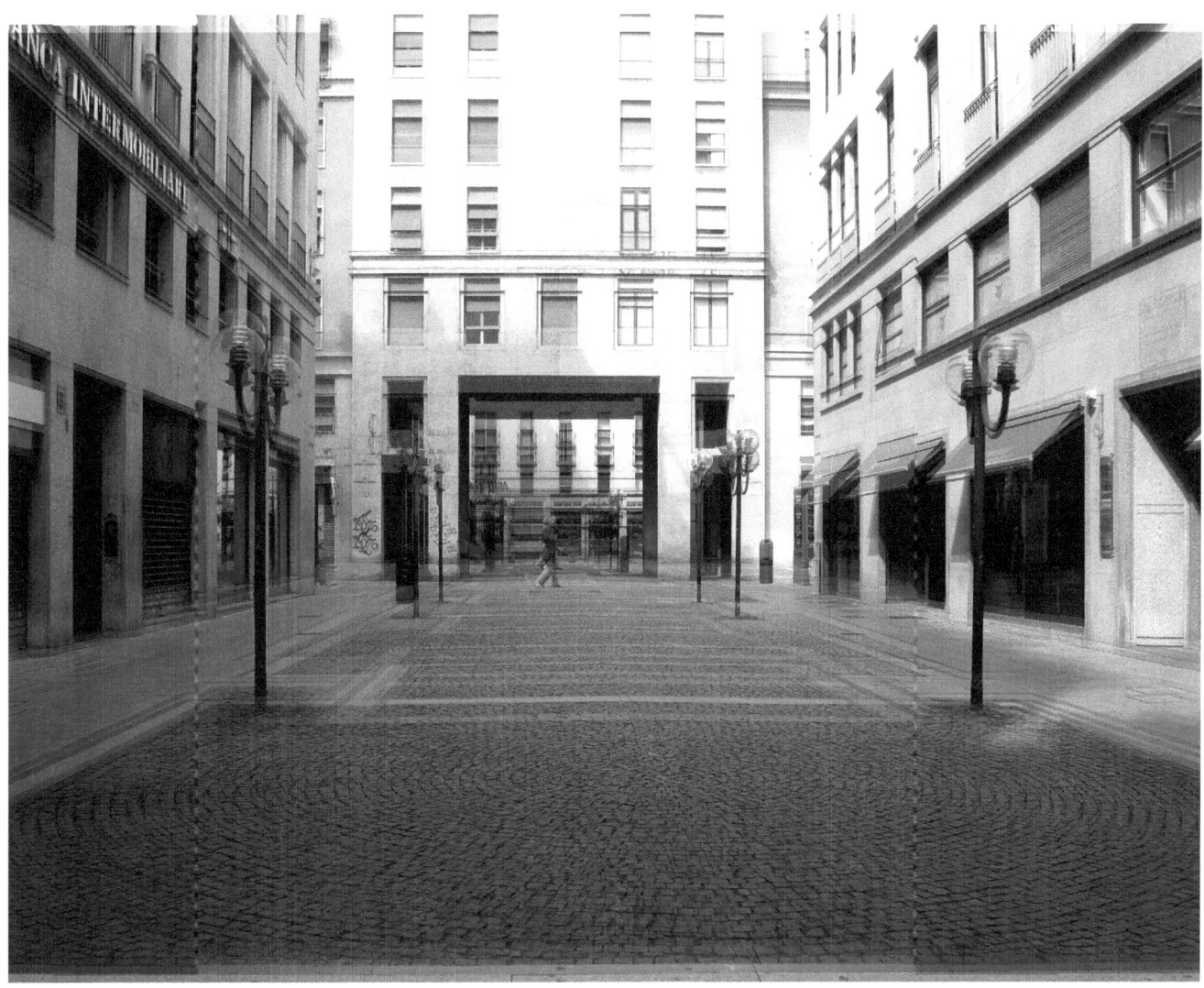

TAGLIENTO fotografo

TAGLIENTO fotografo

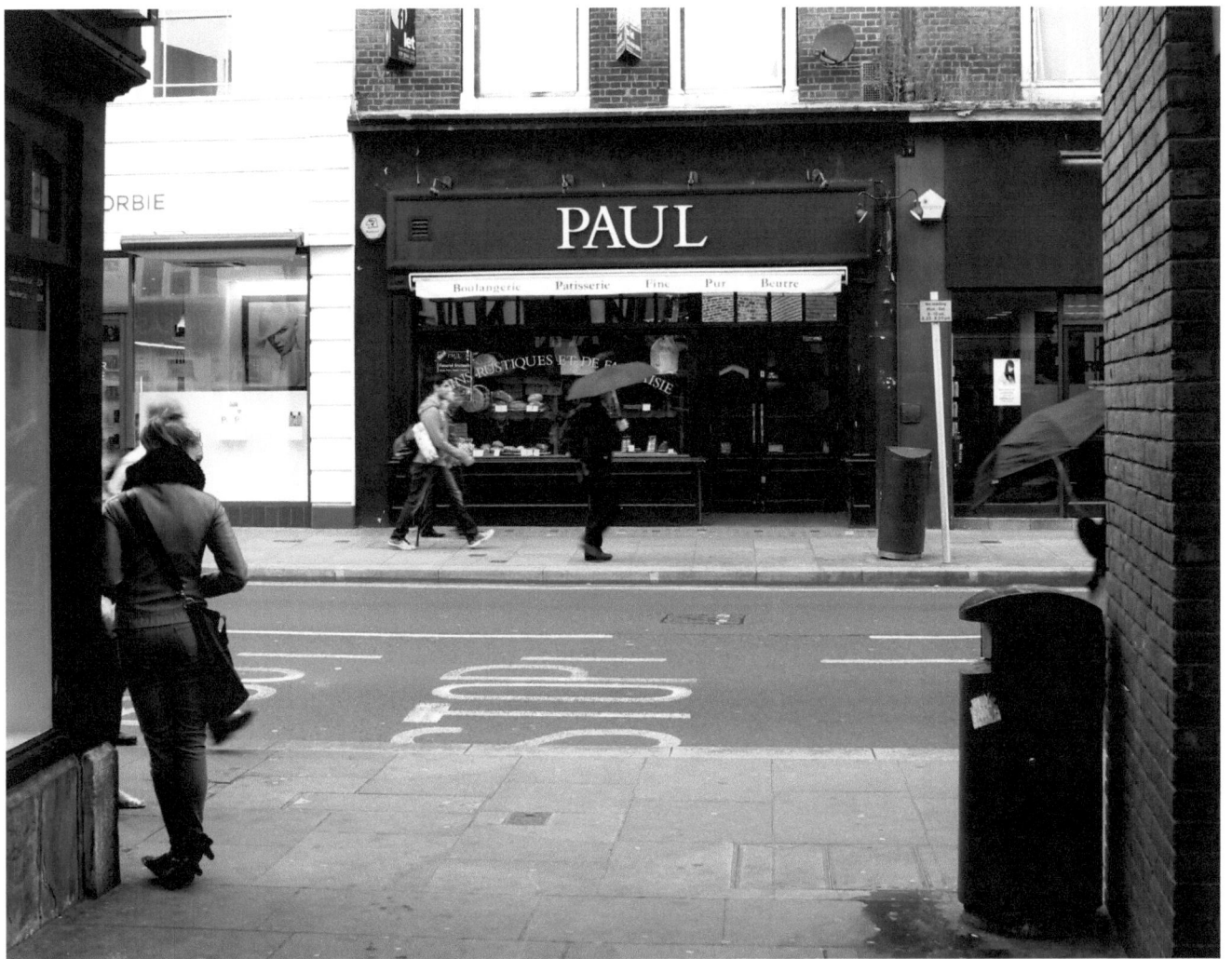

TAGLIENTO fotografo
TAGLIENTO fotografo

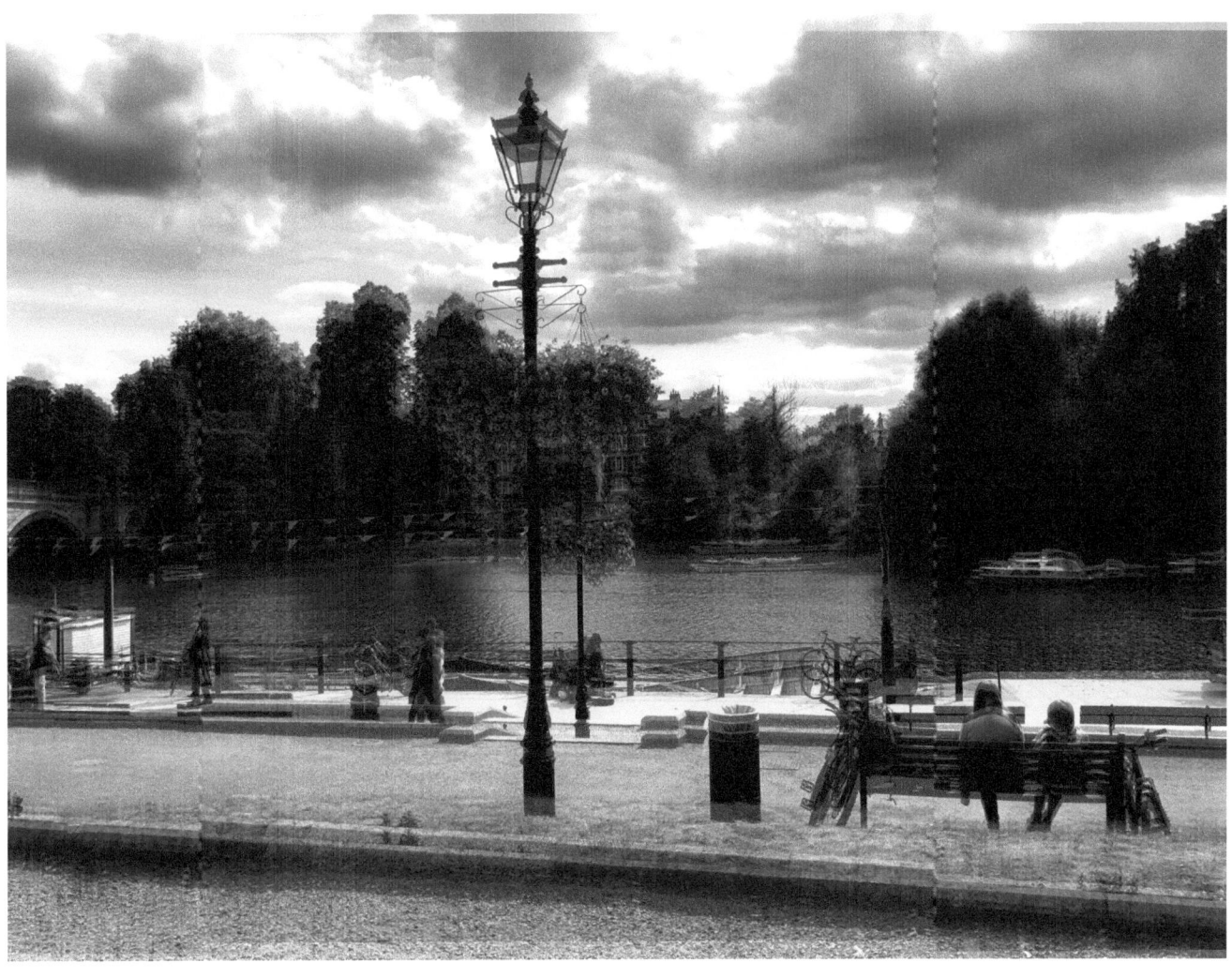

TAGLIENTO fotografo

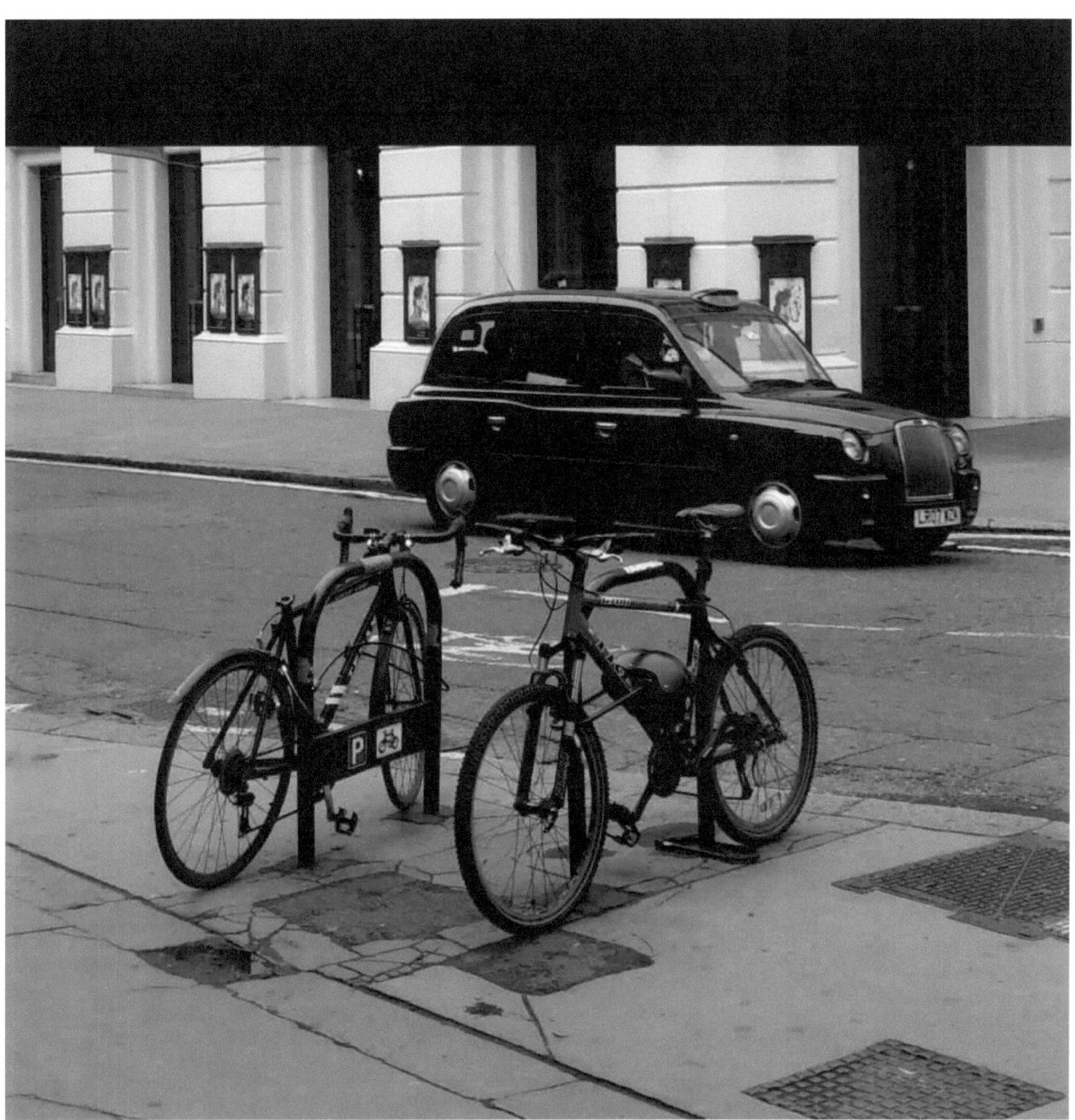

TAGLIENTO fotografo
TAGLIENTO fotografo

TAGLIENTO fotografo
TAGLIENTO fotografo

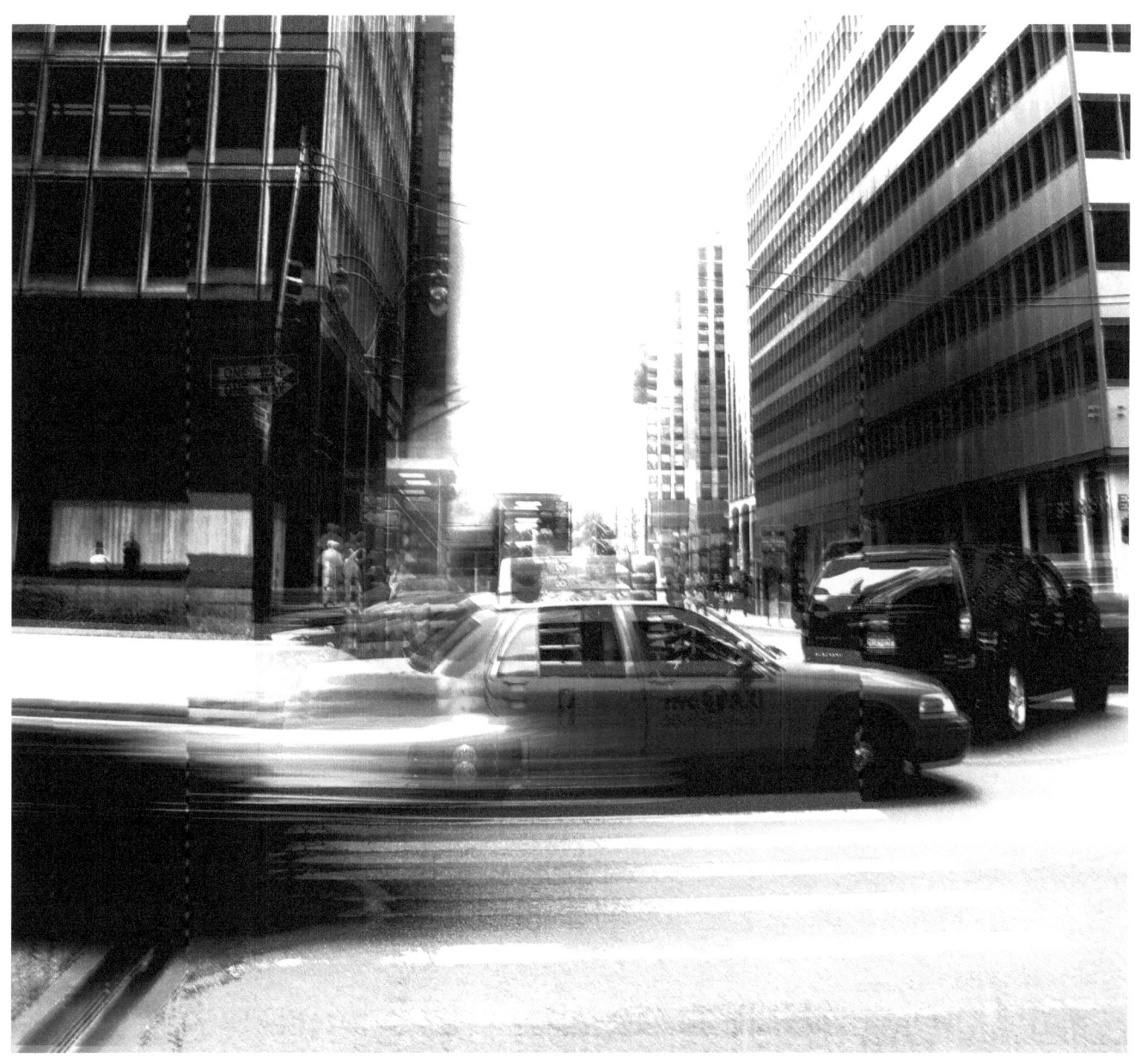

TAGLIENTO fotografo

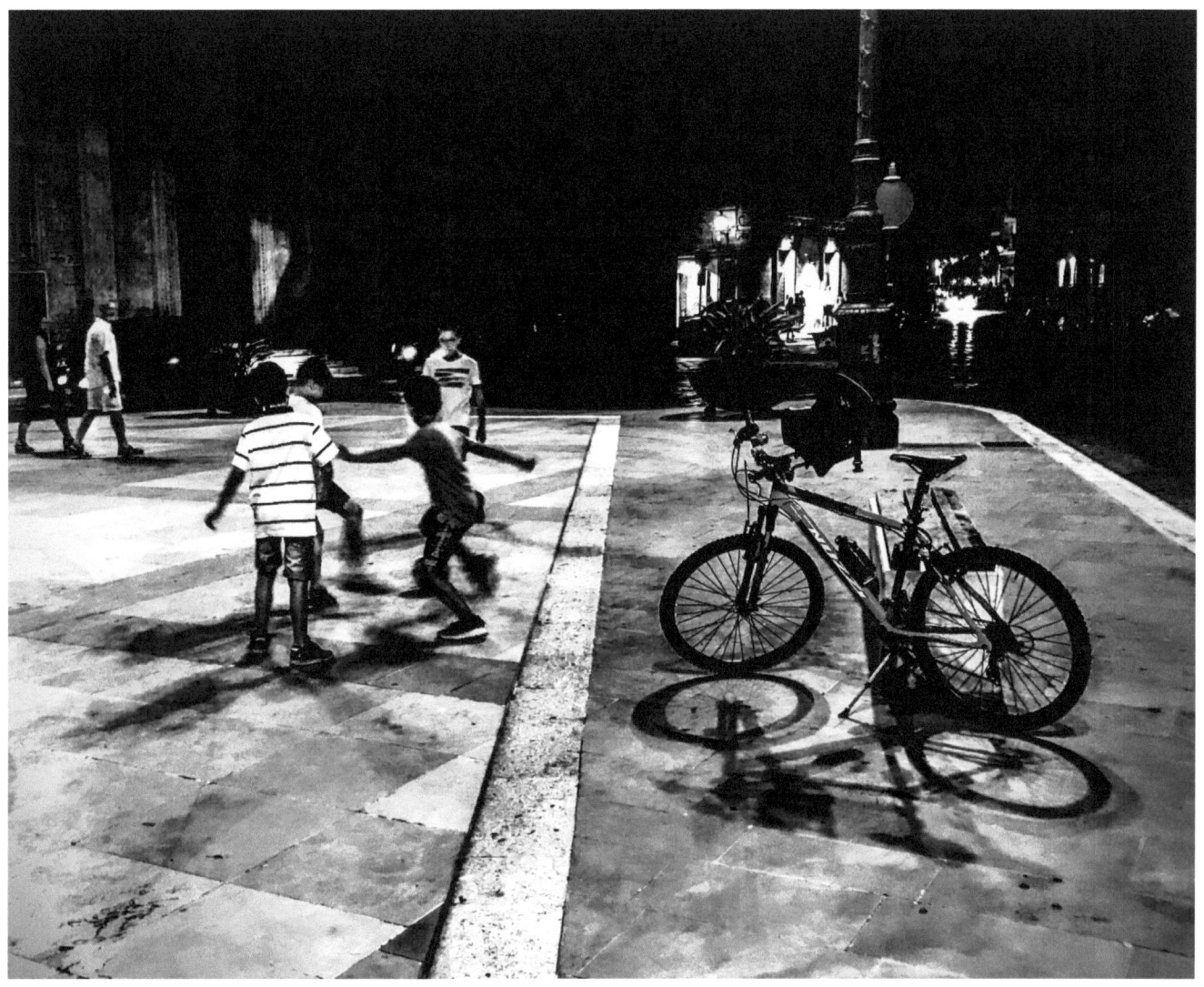

TAGLIENTO fotografo

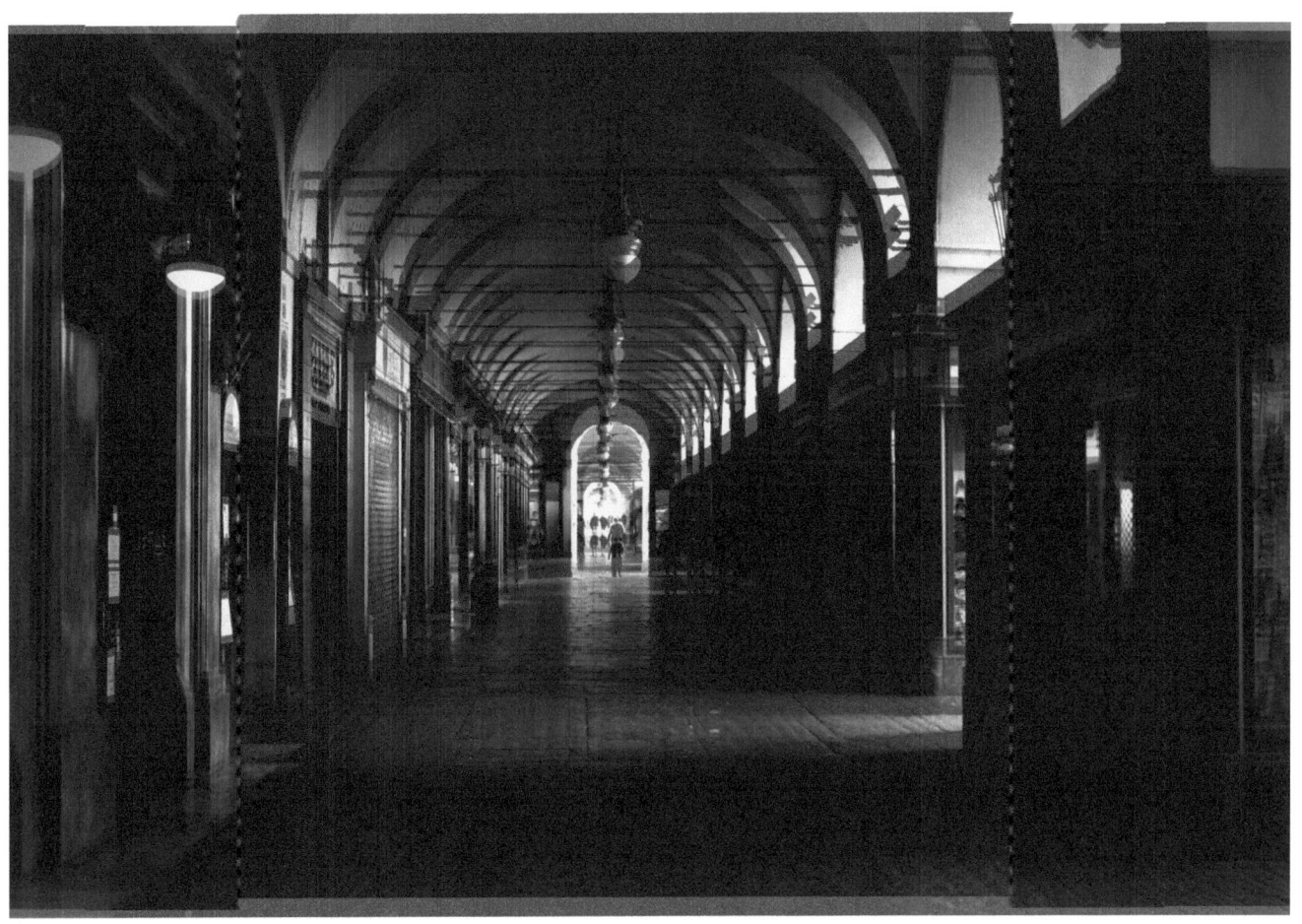

COLORI

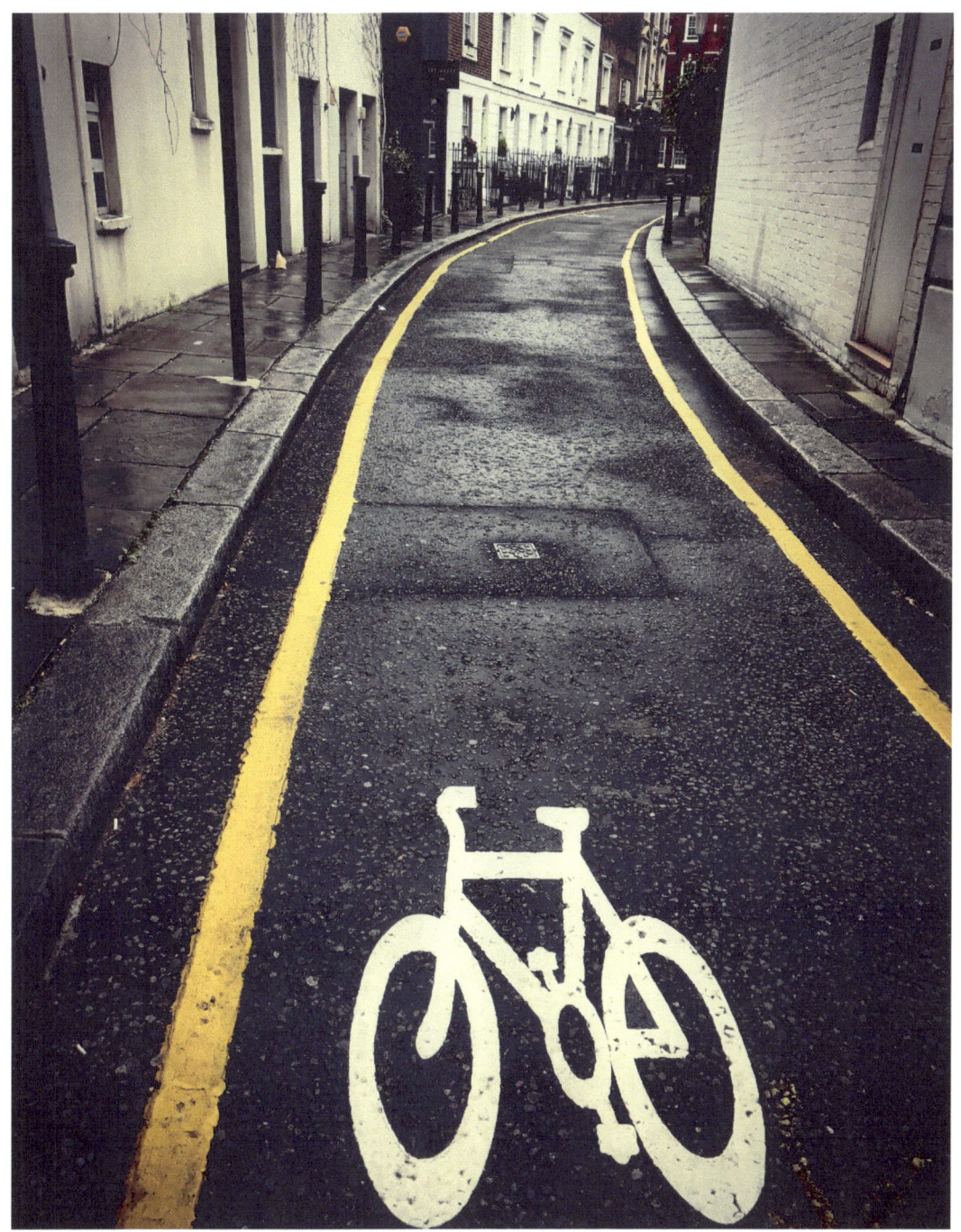

TAGLIENTO fotografo
TAGLIENTO fotografo

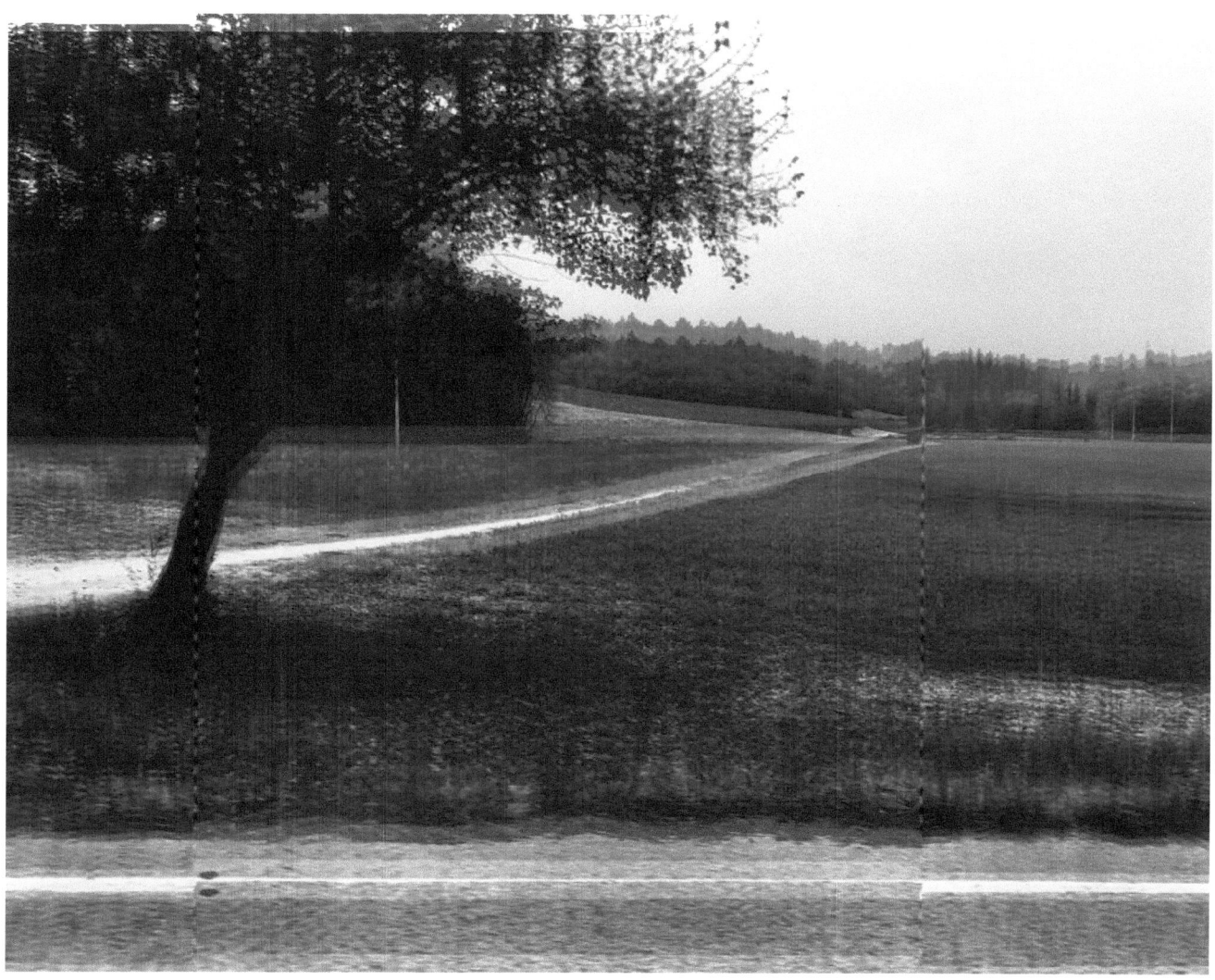

TAGLIENTO fotografo

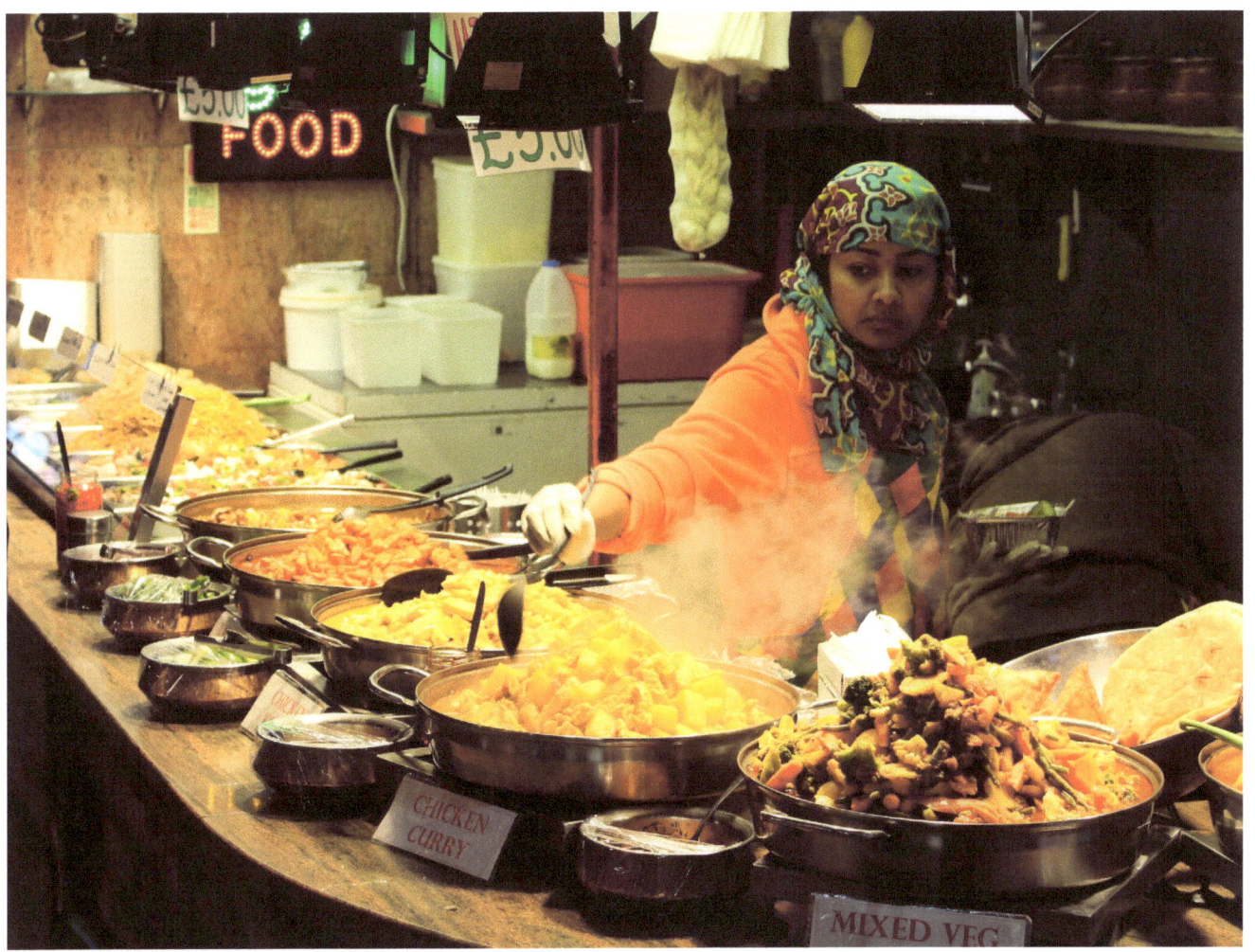

TAGLIENTO fotografo
TAGLIENTO fotografo

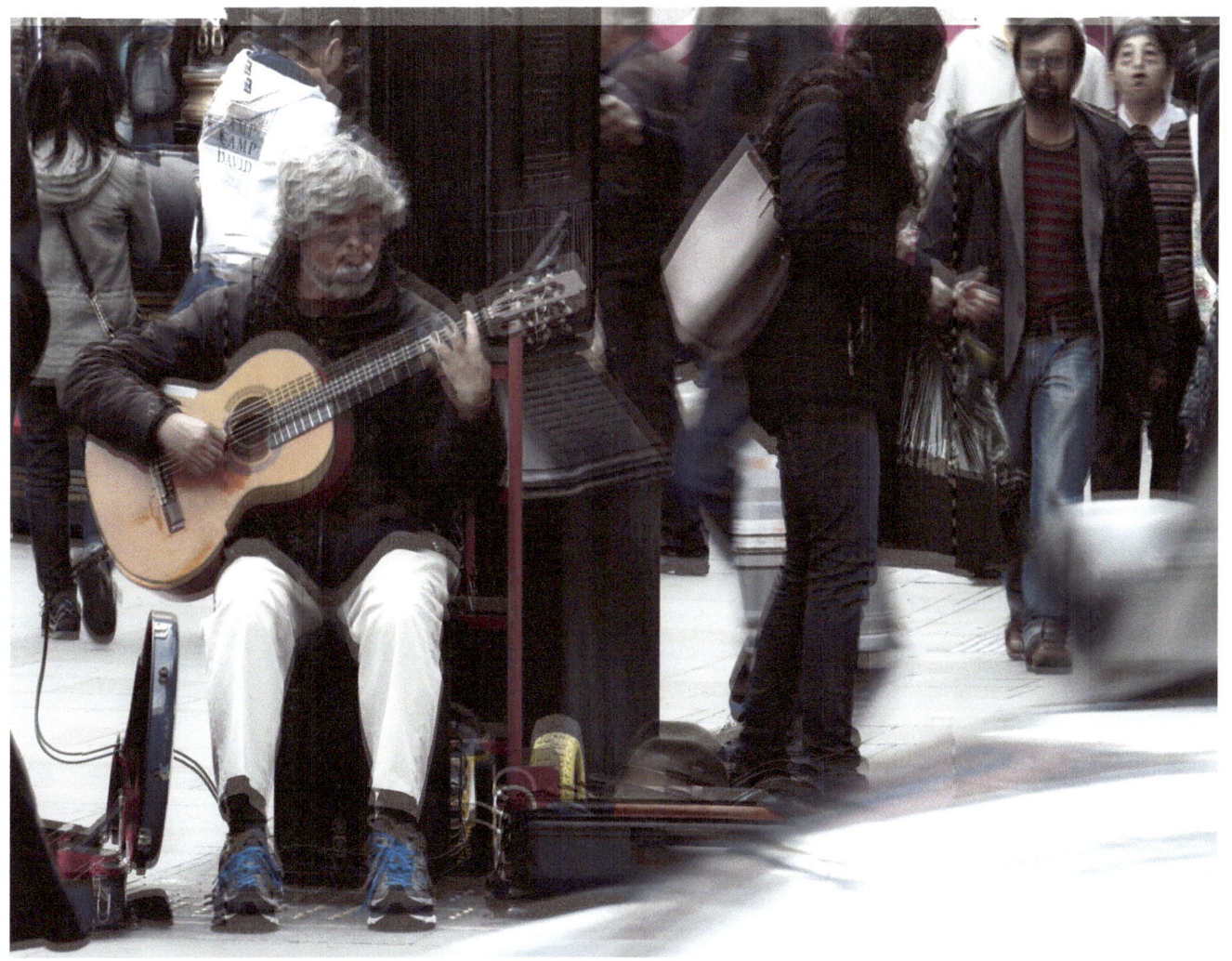

TAGLIENTO fotografo

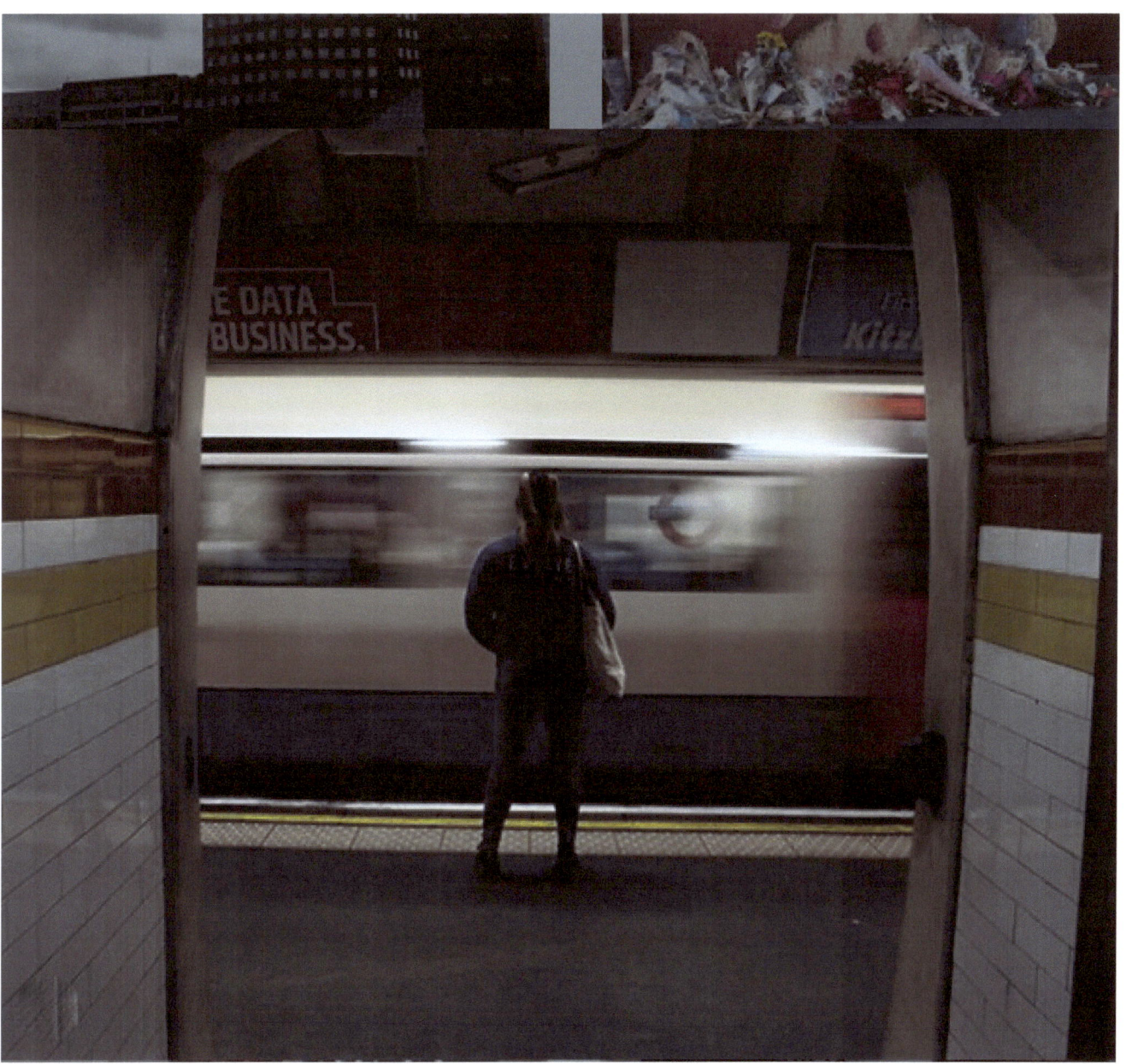

TAGLIENTO fotografo

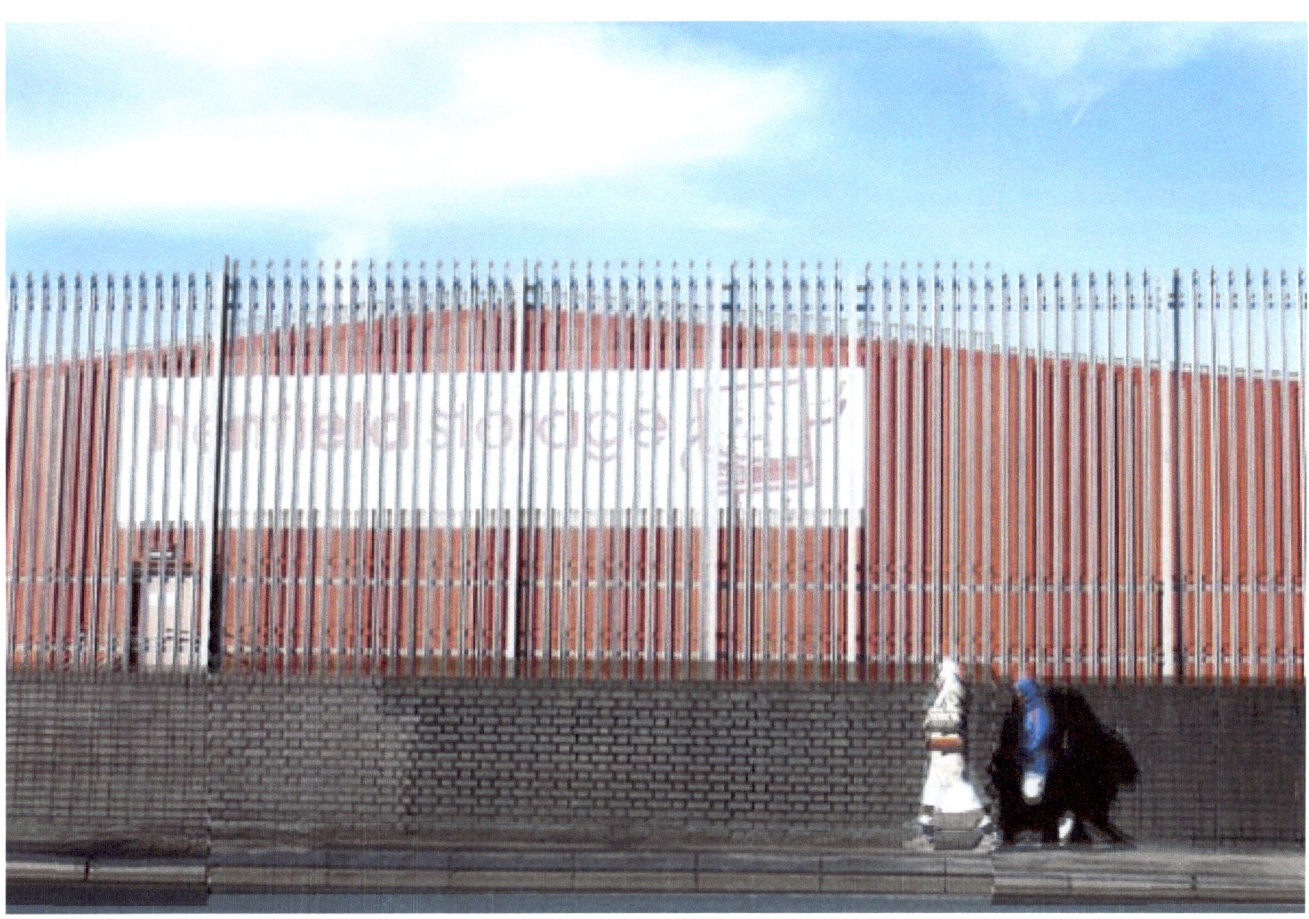

TAGLIENTO fotografo

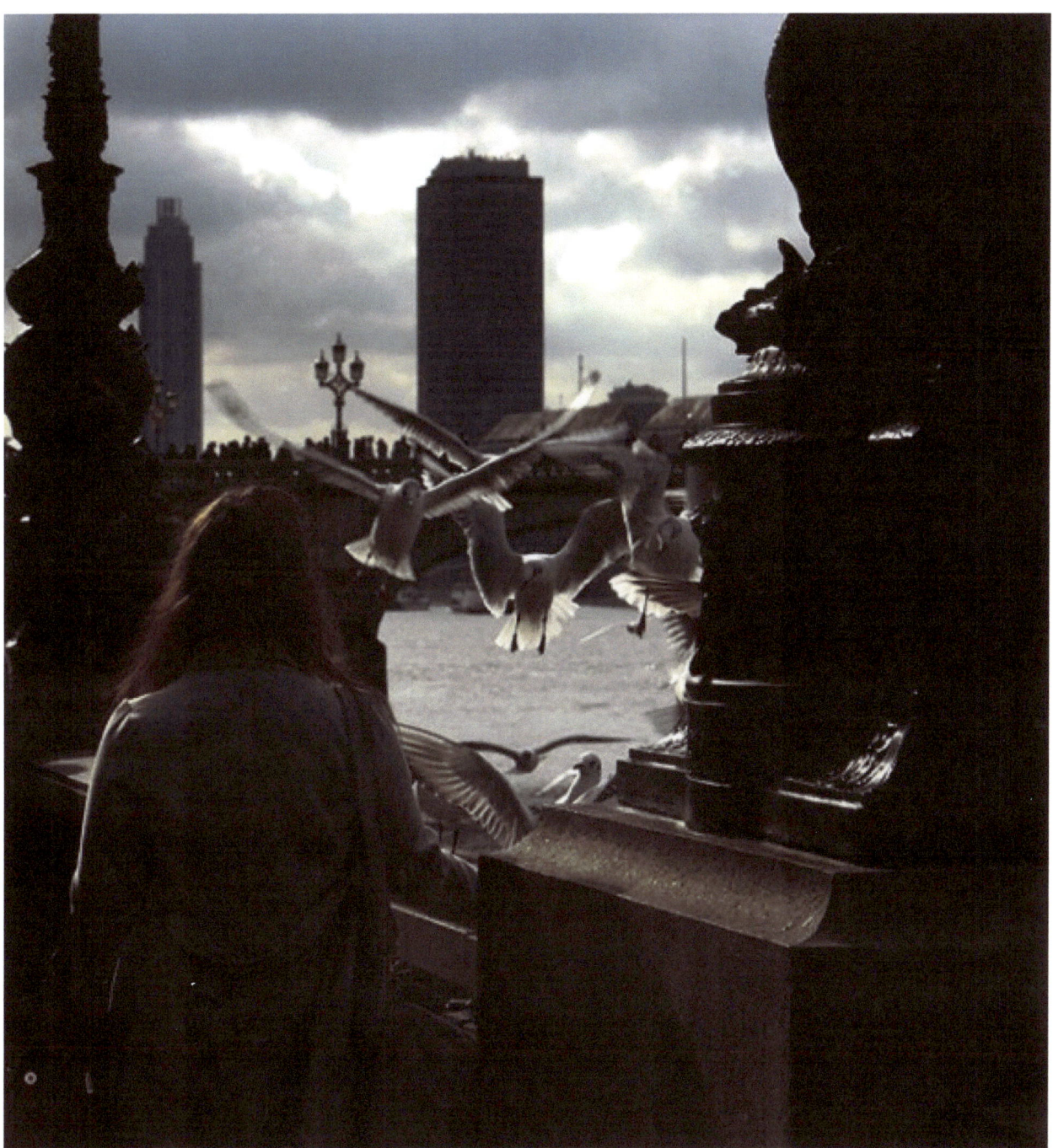

TAGLIENTO fotografo
TAGLIENTO fotografo

TAGLIENTO fotografo

INFORMAZIONI

tutte le immagini sono di proprietà dell'autore
tagliento.wix.com/fotografo
© 2063

www.ingramcontent.com/pod-product-compliance
Lightning Source LLC
Chambersburg PA
CBHW051937210526
45473CB00006B/2278